अधूरे किस्से
FEELINGS THAT YOU CAN RELATE

कुमार आदित्य

XpressPublishing
An imprint of Notion Press

XpressPublishing
An imprint of Notion Press

No.8, 3rd Cross Street,CIT Colony,
Mylapore, Chennai, Tamil Nadu-600004

Copyright © Kumar aditya
All Rights Reserved.

ISBN 978-1-64733-882-4

This book has been published with all efforts taken to make the material error-free after the consent of the author. However, the author and the publisher do not assume and hereby disclaim any liability to any party for any loss, damage, or disruption caused by errors or omissions, whether such errors or omissions result from negligence, accident, or any other cause.

While every effort has been made to avoid any mistake or omission, this publication is being sold on the condition and understanding that neither the author nor the publishers or printers would be liable in any manner to any person by reason of any mistake or omission in this publication or for any action taken or omitted to be taken or advice rendered or accepted on the basis of this work. For any defect in printing or binding the publishers will be liable only to replace the defective copy by another copy of this work then available.

First of all i would like to thank my parents and relatives who care for me a lot and thanks to my elder brother who always advise me for what to do when i am surviving with some complicated problems.

And thanks to Ashish bhaiya who always motivate and help me out whenever i am in any type of small or criticle situations. Thanks to pritam who is also a writer, helped me for improving my writing skill and all my friends and colleague saurabh and aabid who help me always whenever i need them.

क्रम-सूची

प्रस्तावना vii

भूमिका ix

1. Pahli Mulakaat 1
2. Ek Shaam 6
3. Mulakaat Ke Bahane 9
4. Gujarish 14
5. Aadat 18
6. Aaj Bhi Yaad Hai 21
7. Waqt 24
8. Haqiqat 27
9. Ittfaq 32
10. Adhoore Kisse 35
11. Alfaz 39

• v •

प्रस्तावना

आपकी ज़िंदगी में ना जाने कितने लोग आयेंगे,

कितने लोग जायेंगे...

ना जाने कितने लोगो से रिश्तें बनेंगे,

कितनो से टुट जायेंगे...

मगर कोई एक ऐसा ज़रूर होगा जिसके बारे मे सोचना काफी अच्छा लगता होगा। कुछ लोगो का आना तो शायद इत्तफाक ही होता है, पर कुछ इत्तफाक भी क्या कमाल होते है। जिन्हे ज़िंदगी भर हम भूल नहीं सकते है,

ऐसी ही एक कहानी इस किताब मे है। किसी पसंदीदा व्यक्ति का ज़िंदगी मे आना और फिर इत्तफाक से मिलना, कब वो पसंद चाहत मे बदलकर किस्सो मे सिमट गई वो कहानी मैं आज भी सोचता हूँ तो चेहरे पर मुस्कान सी आ जाती है।

भूमिका

Aditya- An ambassador of brands, is a medical science student and writer by passion. He is completing his study from Shekhawati university, Rajasthan. Famous and known as #kumar_aditya on social media and all credit goes to his content and writting skill which is all about Emotion, Feeling and obviously LOVE. Love, he loves Nature, animals. He is doing good with 25K followers on instagram and so on......!!

Enter Caption

Instagram - @kumar_aditya143

.

Twitter - @kumar_aditya143

.

Gmail - kumar.aditya.143.in@gmail.com

1
Pahli Mulakaat

Kitna ajeeb hai na waqt tumhe sochne ke khyaal se hi kaafi jaldi nikal jaata hai...

○○

वो पहली दफ्फा तुम्हे देखना, मैं खो तो गया था क्युकी तुम्हें जो याद रखना था।

तुम्हे जिस वक़्त प्यार का अहसास हुआ उस वक़्त तक ना जाने कितने रोज़ से मेरा प्यार बड़ता जा रहा था तुम्हारे लिए।

खैर मुझे ढुंढने की कोशिश वही से करते है जहाँ से खोया था मैं।

किसे पता कब क्या हो जाए,

ये वक़्त उस पल अहसास किया था मैंने,

हाँ उसी वक़्त से तुम्हे प्यार किया था मैंने।

तुम्हारी खुली ज़ुल्फ़ों को देखना और उन्हे बांधने के बाद हवाओ का नाराज़ हो जाना,

हाँ उस पल मैंने अचानक मौसम को बदलते देखा था।

वो चंद लम्हों का बेपनाह सुकूँ, जिनमे अगली मुलाकात तक उलझ कर रह गया था मैं।

सबकी ज़िंदगी मे ये वक़्त नही आता है जो मेरी ज़िंदगी मे आया था। वैसे तो काफी ब्रेक-अप स्टोरिस् से गुजर चुका हूँ तो लाजमी है प्यार से ज्यादा ब्रेक-अप की आदत हो गई थी। कहानी काफी उलझी हुई है खैर शुरुआत मेरी और उसकी पहली मुलाकात से करते है।

हर रोज़ की तरह आज भी सुबह मैं तैयार होकर अपने काम पर जा रहा था के तभी मेरा दोस्त राहुल कहता है आज मूवी देखने चलते है मेरी दोस्त निकिता आ रही है। अब उन दोनो के बीच में मैं क्या ही करता तो मैंने मना कर दिया की भाई काम है आज मैं फिर कभी चलूँगा तु चला जा उसके साथ, तभी वो कहता है की उसकी बहन भी आ रही है वो अकेले बोर हो जायेगी तो तु चल ले भाई साथ मेरे। ये सुनते ही मेरे सभी काम तुरंत कल पर शिफ्ट हो गए क्युकी ये वही लड़की थी जिसके बारे मे राहुल ने दो महीने पहले बताया था जिसे देखते ही पसंद करने लगा था मैं। अब इससे अच्छा मौका जान-पहचान बड़ाने का मिल ही नहीं सकता था। बस फिर क्या था मैंने अपनी सबसे पसंदीदा जींस और वाइट टी-शर्ट निकाली और डियो वैगरा लगा के चल दिये एक अलग ही खुशी के साथ जैसे खुद की डेट पर जा रहा हूँ।

चलते-चलते एक और दोस्त सुमित से बात हुई तो उसे भी साथ ले लिया चलने के लिए। मैंने सुमित को सारी बात बता दी की हम चल रहे है एक तेरी हो चुकी भाभी और एक होने वाली भाभी से मिलने तो तु सिर्फ पॉपकॉर्न खाना और मूवी के मजे लेना बाकी सब मैं देख लूँगा। तभी सुमित कहता है की चल भाई तूने ये तो माना की मुझे लेकर भी कोई अन-सिक्योर्ड हो सकता है वरना आईने के सामने जाते ही एक ही बात दिमाक मे आती है की 'पापा यार ये क्या कर दिया'।

ऐसे मजाक करते-करते मैं, राहुल, सुमित और निकिता सिनेमा की तरफ निकल पड़े। सुमित अकेले था बाइक पर तो ना चाहते हुए भी उसे भेजना पड़ा निकिता की बहन अदिति को लाने के लिए। पर सुमित की शकल पर भरोसा करते हुए मैंने बिल्कुल भी हार नहीं मानी और हम फिर सिनेमा की तरफ चले गए और सुमित अदिति को लेने के लिए निकल

गया।

हमने सिनेमा के पास पहुँचकर देखा तो वो दोनो पहले से ही उधर खड़े हुए थे। उसका चेहरा दूसरी तरफ था और हम पीछे से आ रहे थे तभी मैंने उनके पीछे बाइक रोकी और अदिति ने पीछे पलट कर देखा। दिल मे शायरीया सी चलने लग जब नजरों से नज़रे मिली, एक अलग ही पल होता है वो जब आप किसी को पसंद करते हो और उस से मिलने का कोई मौका ही ना हो फिर भी कहीं ना कहीं कैसे ना कैसे मिलना हो ही जाए और काफी वक़्त के इंतज़ार के बाद वो तुम्हारे सामने आती है।

खैर खुद को संभालते हुए हम सिनेमा के पास पहुँचे, अभी मूवी शुरू होने मे वक़्त बचा था तब तक हम सब कोल्ड ड्रिंक पीने के लिए कैंटीन चले गए। राहुल, निकिता और अदिति एक तरफ थे और मैं और सुमित शॉप के सामने खड़े होकर कोल्ड ड्रिंक पी रहे थे। तभी निकिता की आवाज़ आई की चेयर खाली पड़ी है यही आ जाओ, उसी वक़्त सुमित दबी आवाज़ मे कहता है की हाँ हमें तो दिख ही नहीं रही जैसे।

अपनी हँसी को छुपाते हुए हम वहाँ बैठे और फाइनली थोड़ी देर बाद हॉल के अंदर गए। एक तो मुझे सिनेमा मे नेशनल एंथेम का चलना पसंद नहीं था क्युकी क्या पता कौन वहाँ किस मूड से आया हो और फिर देशभक्ति और रिलेशनशिप वाले प्यार का भी तो एक साथ मिलना ठीक नहीं शायद इसीलिए मुझे यह पसंद नही था तो मैं खड़ा भी नही होता था।

जब नेशनल एंथेम चलने पर मैं खड़ा नहीं हुआ तो उन चारो ने मुझे ऐसे देखा जैसे सबसे बड़ा देश द्रोही मै ही हूँ। अब यार नहीं होता किसी-किसी को पसंद पर जब अदिति ने भी मुझे आतंकवादी वाली नजरों से देखा तो इस बार मै खड़ा हो ही गया। हाँ सुमित की आँखे खुली की खुली रह गई मुझे खड़ा होता हुआ देख कर क्युकी वो पहली बार नहीं आया था मेरे साथ मूवी देखने जिसको ले कर मुझे बाद मे सुमित से थोड़ी गाली भी सुननी पड़ी पर मै यार पसंद करता था उसे इतना तो करना बनता ही है।

खैर मूवी थी 'धड़क' हाँ भाई मुझे पता है मूवी इतनी अच्छी नहीं थी पर अपन तो मूवी देखने गए हीं नही थे। खैर सब बैठे गए मूवी शुरू हुई। अदिति मेरे पास वाली सीट पर ही थी, मैं 360° पर नजरों को करके उसे

देखने की कोशिश कर रहा था। उसका ध्यान मूवी पर, मेरा ध्यान उस पर, राहुल और निकिता का ध्यान एक दूसरे पर और सुमित का ध्यान पॉपकॉर्न पर।

अब पास तो बैठे है पर बातें कहाँ से शुरू करे। पर उस दिन पुरा का पुरा एक्सपीरियंन्स धरा का धरा रह गया क्युकी कोई भी बात आ ही नही रही थी यार दिमाक में करने के लिए। खैर फिर ये बात मैंने किस्मत पर छोड़ दी और मूवी देखने लगा। मूवी देखने तक मैंने उसको नहीं देखा। मूवी ख़तम हम सब खाने के लिए बाहर रुके और और और जब चलने का वक़्त आया तो सुमित थोड़ा सा काम आया मेरे।

वो होता है ना जो मौके पर आपकी दिल की बात पढ़ ले वो सिर्फ आपकी माँ ही नहीं दोस्त भी हो सकता है। उस वक़्त सुमित निकिता और राहुल को एक बाइक पर ले गया और हम दोनो को साथ आने के लिए कह गया। अचानक से सब जज़्बात बदल गए क्युकी अपने को लग रहा था की अब जाने का वक़्त आ गया और कोई बात तो करी ही नहीं पर कभी-कभी कुछ कामों को किस्मत के भरोसे छोड़ना ही अच्छा होता है।

अब अदिति मेरे साथ बाइक पर थी और जब बाइक स्टार्ट करने पर हवा लगी तो पुरा का पुरा दिमाक खुल गया बे और बातें भी करने लायक ज़हन मे आ चुकी थी। स्टडी की बात से बातें शुरू करके उसका लास्ट ब्रेक-अप कैसे हुआ तक

की बातें मैंने उससे 20 मिनिट में पूछ ली थी। बातें करते-करते अपन ने सोच लिया था की अपन इधर ट्राय मार सकते है फिर मैं उसे PG छोड़ कर घर आ गया। सोने से पहले उस पहली मुलाकात को रीवाइंड करने लगा।

लिखने का शौक मुझे काफी पहले से था और उन जज़्बातों को मैंने शब्दों में लिखा भी...

"वो पहली मुलाकात कुछ खास थी, तुम्हे देखने की तलब में कुछ तो अलग बात थी...

मेरा तुम्हारे पास पहुँचना और तेरा पलट कर देखना,

मेरी नज़रे ना हटी यार तुम्हारी नजरों में कुछ तो खास बात थी,

वो पहली मुलाकात कुछ खास थी, तुम्हे देखने की तलब में कुछ तो अलग बात थी..."

2

Ek Shaam

Accha ab ek shaam ki baat karte hai, Aankhon se shuru hui us mulaakat ki baat krte h.

पता है मैं पहली मरतबा मिलने के बाद किस कदर बातें शुरू हुई थी अपनी।

बेशक कहने को कुछ ख़ास नहीं था, पर मन उदास था आख़िर ये जो तेरे पास नहीं था।

काफि सोच कर जो एक मेसेज लिखा तुम्हें, हाँ माना की वो मेसेज कुछ खास नहीं था।

तेरा जवाब आना और अपनी बातों का शुरू हो जाना,
हाँ पता है वो पल तेरे लिए कुछ ख़ास नहीं था।
फ़िर धीरे-धीरे मेसेजेस् का बड़ना और रातों का छोटा हों जाना,
तुम्हारा पता नहीं पर मेरे लिए वो पल टाइम पास नहीं था।

यूँ ही गुड़ मॉर्निंग से गुड़ नाईऩट तक एक तुझ से बाँतें करना काफि अच्छा लगने लगा था,

तुम्हे शायद एक ऑपशन दिखा होगा मुझ में, पर मैंने अपने सारे ऑपशनस साइड कर दिये थे बस एक तुझ से बात करते-करते ।।

एक सबसे खूबसूरत वक़्त होता है वो जो आप मेसेजेस् पर बातें करते हुए गुज़ारते हो किसी ऐसे व्यक्ति के साथ जिसे आप बहुत पसंद करते हो पर वो अभी सिर्फ आपका दोस्त है। खैर अब हमारी काफि बातें होने लगी थी। रात के 2-3 बजे तक हम बातें किया करते थे। बातें करते-करते वक़्त का पता ही नहीं चलता था। मैं उन दिनों क्रिकेट अकैडमी जाया करता था। मुझे सुबह 5 बजे अकैडमी जाना होता था और मैं रात को 2-3 बजे तक बातों में लगा रहता था। ऐसा भी नहीं था की मैंने अपने काम से फोकस हटा लिया था पर वो मुलाकात ही ऐसी थी की मैं 2 घंटे सो कर भी मैनेज कर लिया करता था।

हम रात को लेट तक बातें किया करते थे और अदिति मुझे 5 बजे अकैडमी मे जाने के लिए उठाया करती थी। नींद तो अलार्म से भी खुल जाया करती थी पर वो सब तो सिर्फ एक बहाना था मुझे तो धीरे-धीरे मसजेस् से कॉल पर आना था। मैं सुबह-सुबह अपनी आँखों मे आधी-अधूरी नींद लिए अकैडमी पहुँचता था। कोच सर ने एक-दो दिन तो ध्यान नहीं दिया फिर एक दिन पूछ ही लिया... कोच - क्या बात है आदित्य आज-कल नींद पूरी नहीं हो रही है?

मैं - नहीं सर ऐसा कुछ नहीं है वो दरसल रात को लेट घर पहुँचते है इसी लिए सोने मे थोड़ी लेट हो जाती है।

वो हर दूसरे दिन मुझ से यही सवाल करते और मेरा वही पुराना जवाब रहता था। खैर हमारी बातें पिछले 15-20 दिनों से चल रही थी। मैं सुबह 8 बजे अकैडमी से आता था फिर 10 बजे तक तैयार होकर अपनी जॉब पर चला जाया करता था। फिर दिन भर बातें चलती रहती थी। इश्क़ मे सब पागल होते है मैं निकम्मा होता जा रहा था। काफि ज्यादा काम होने के बावजूद भी मै उस से बातें करने के लिए वक़्त निकाल लिया करता था। उसके लिए मैं अभी भी दोस्त ही था ऐसा वो कहाँ करती करती थी पर दिन-रात बातें क्या दोस्त से की जाती है वो भी उस दोस्त से जिस से तुम सिर्फ एक बार मिले हो ऐसा मैं खुद सोचता था।

खैर मुझे क्या था मुझे उस से बातें करनी होती जो हम कर ही रहे थे। अब उसे वो बातें समझने मे वक़्त लगे तो मुझे उस से कोई ऐतराज नहीं था। बातों-बातों मे मैं उस से अपनी दिल की बात भी कह दिया करता था जिसे वो फ़्लिरट् का नाम लेकर अनदेखा कर देती थी।

"मेरी प्यार की बातें, मेरे इश्क़ का इंतक़ाम बन जाती थी...

वो लड़की बड़ी शातिर थी, सब कुछ जानते हुए भी अंजान बन जाती थी..."

खैर सीधे मुह मैंने भी उस से कभी इज़हार नहीं किया क्युकी जैसा चल रहा था वो काफि सुकून भरा था। उस वक़्त को मैंने खुल कर जिया है। दिन भर काम करने के बाद चाहें कितनी भी थकान हो जाए पर उस से बातें करते रहने पर दिल कभी थका नहीं। एक अलग खुशी थी उसके साथ बातें करने मे जो पहले कभी किसी लड़की से बात करते हुए नही हुई थी।

वक़्त गुज़रता गया और मेरी पसंद धीरे-धीरे चाहत मे बदलने लगी। हम देर रात तक कॉल पर बातें करने लगे। उससे उसके पूरे दिन के बारे मे पूछना अच्छा लगने लगा था। सबके दिल मे किसी ना किसी चीज को लेकर एक अदब होती है की ये चीज काफि अच्छी चल रही है ये बस यूँ ही हमेशा चलती रहनी चाहिए। ये मेरे वही किस्से थे जिन्हें मैं जोड़ना चाहता था।

काफी लड़किया आ चुकी थी ज़िंदगी मे पर जिस पर मैं पूरी किताब लिख सकु ये मेरी वही कहानी थी। मुझे नहीं पता ये कहानी कहाँ तक चलेंगी पर बस चलना अच्छा लग रहा था।

"मगर शुरुआत जब इतनी हसीन हो चुकी हो तो अंज़ाम की परवाह क्या करना,

जब निकल पड़े है समुंदर मे कश्ती लेकर तो तूफान की परवाह क्या करना"

3
Mulakaat Ke Bahane

M harr daffa tujh m khota rhunga... Tum Milne k bahane dena bs

जब मुलाकात मुलाकातों मे बदल जाए...
तो कैसे ये दिल प्यार किये बिना संभल जाए...
हाँ काफि बातें बढ़ चुकी थी, युं सुबह से शाम तक बातें सब से थोड़ी की जाती है!
खैर तुम्हारे लिए तो अभी भी ऑपशन ही था मैं,
बस यही बात थोड़ी बुरी सी लग जाती है।
एक हद तक एक तरफा प्यार में आ चुका था, मैं अपने सारे ख़याल तेरे ख़यालों से मिला चुका था। युं कहने को बातें बेशुमार हो गई थी, पर एक तरफ में अकेला ही खड़ा था।
यू वक़्त के साथ... खामोशी से बोलते हुए,
तुझ से बात करते-करते... तेरे ख़यालों मे डोलते हुए,

मैं इस कदर तेरी खुशबू मे समा गया था...
की देर थी तेरे इशारा करने की, मैं आग़ोश मे तो कब का आ गया था।

काफि दिनों तक बातें चलते रहने के बाद फाइनली हमने मिलने का तय किया। वैसे तो मूवी के बाद दो बार मिल चुके थे हम। एक बार धड़क मूवी के कुछ दिनों बाद जब राहुल और निकिता साथ थे। हम कार से जा रहे थे और सुमित भी साथ था। सुमित कार चला रहा था मैं उसके पास वाली सीट पर बैठा था। अदिति, निकिता और राहुल पीछे बैठे हुए थे। फालतू की ही बात के बहाने मैं पीछे मुड़-मुड़ कर अदिति को देख रहा था। घूमते - घूमते आमेर पहुँच गये। कार पार्क करके हम कुछ खाने पीने के लिए रुके।

अदिति मेरे सामने ही बैठी ही थी पर ना नज़रे मिला पा रहा था और ना मेरा कुछ खाने का मन हो रहा था। सबने अपनी पसंद का कुछ मँगवाया मुझे छोड़ कर क्युकी मुझे तो उसकी पसंद से मंगवाई हुई चीजो मे से खाना था। लिमका कौन पीता है यार मैं हमेशा अपने दोस्तो से ये कहा करता था। और तभी अदिति ने कोल्ड ड्रिंक मे लिमका मंगवाई। अब सुमित मुझे घूर-घूर कर देख रहा था की मैं वो पियूँगा की नहीं और के तभी मैंने ग्लास मे लिमका डाली और पीने लगा। सुमित के मुहँ से मेरे लिए गाली निकली नहीं और बाकी कुछ बोलने मे उसने कसर् ना छोड़ी। जैसे ही मैंने लिमका पीनी शुरू करी सुमित ताने देने वाले अंदाज़ मे कहता है ' लिमका कौन पीता है बे' पर मैं बेशर्मो की तरह अपनी सालों से कही बात से मुकर गया और कहा की अच्छी होती है यार कभी पी कर देख।

हाँ मैंने बचपन के बाद कभी लिमका नही पी थी पर यार वो करेले का ज्यूस भी मंगवती तो भी मैं पी लेता। सुमित के ऐसे हाव-भाव देख कर राहुल को भी हँसी आने लगी पर अपन तो निकम्मे थे ना। जब खाना खा कर सब कार की तरफ लौट रहे थे उसी वक़्त से मैं सोच रहा था की बातों की शुरुआत कहा से करू। काफि बातें हो जाने के बाद भी हम एक दूसरे के सामने होकर कुछ कह नहीं पा रहे थे। अदिति मुझ से थोड़ी ही आगे चल रही थी और मैं उसके साथ-साथ चलने की कोशिश कर रहा था।

यू एक - दूसरे के आगे-पीछे होने पर,
मैं बस साथ-साथ चलने की कोशिश कर रहा था...
और साथ-साथ आ जाने के बाद,

मैं अपना हाथ उसके हाथ से टकराने की कोशिश कर रहा था...

अभी साथ चलना शुरू किया ही था, अभी हाथ से हाथ टकराने वाले ही थे की हम कार के पास और वो पीछे कार मे जाकर बैठे गई। ये वक़्त वैसा ही था जैसे आप काफि हसीन ख़ाब देख रहे हो और तभी अलार्म की आवाज़ से आपकी नींद खुल गई हो और सपना टूट गया। तभी मैंने सुमित से गुस्से मे कहा अबे हरामी कार थोड़ी आगे पार्क नहीं कर सकता था। सुमित शायद अभी उस लिमका वाली बात को दिल पर लगा कर बैठा था। मेरा ऐसे कहने पर उसने गुस्से भरी आँखो से पलट कर देखा और मैं बिना कुछ और कहे कार मे बैठ गया।

खैर टूटे हुए सपने को लेकर मैं कार में बैठा पर एक बार फिर कार पार्किंग मे लगी, एक बार फिर मैं नींदों मे गया, और एक दफ़ा फिर हम आगे-पीछे चल रहे थे और एक बार फिर मेरे सपने की शुरुआत हो चुकी थी। इस मरतबा हम साथ-साथ चल रहे थे। एक बार को हाथ से हाथ टकराते है के तभी आगे से राहुल की आवाज़ आती है अदिति यहाँ आना। तभी अदिति आगे जाती है और सुमित हँसने लगता है, मेरा दिमाक खराब हो गया वो बस दोस्ती का लिहाज़ कर लिया वरना सुमित तो गया था आज।

हम सब पार्क मे घूम रहे थे और मैं उस वक़्त हम दोनो के अकेले होने का इंतज़ार कर रहा था। पर किस्मत खराब थी यार उस दिन जो मुझे सुमित के फालतू जोक्स सुन कर वक़्त निकालना पड़ रहा था। एक होता है ना की जब आप किसी इस व्यक्ति के साथ है जिसको आप एक लंबे सफर के लिए साथ रखना चाहते है तो आप अपनी दिल की बातें दूसरों से छुपाते हो। आप चाहते तो हो उसको पर सबके सामने बताने से घबराते हो।

एक अजीब चीज चल रही होती है दिल मे जिसे आप ना उस लड़की को सीधा बता सकते हो ना साथ रहने वाले दोस्तों को और दोस्त सुमित जैसा हो तो बिल्कुल भी नहीं। हालांकि वो जो भी था मैं उस वक़्त उस अहसास को अपने पास ही रखना चाहता था। काफि घूमने-फिरने के बाद शाम को उसे हॉस्टल के बाहर ड्रॉप करा और एक बार फिर सुमित की बकवास सुनते हुए मैं रूम की तरफ निकल दिया।

"वो वक्त की तरह चली गयी...
मैं गणित के सवाल जैसे उलझा था... "
कुछ ऐसी ही कहानी सी चल रही थी दिमाक मे की इतना करीब होकर भी कुछ कह नहीं पाया... ये वक़्त कुछ ऐसा ही था जैसे मिल कर भी मैं उस से मिल नही पाया।

4
Gujarish

Kai martba milne ke baad bhi, us se meri koi mulakaat naii hui,

Jo gujarish thi dil m mahino se, vo abhi tak mukamal naii hui...

༄

दिन भर के सफर को याद करते हुआ, परेशान सा...
दिखावे की मुस्कान से बात करता हुआ,
सहमा सा मैं घर पहुँचा...
अपने आप से थोड़ा लड़ता हुआ,
पास आकर वो सामने से गुज़र गए थे,
के तभी एक मेसेज देखा, एक बार फिर दिल खुश हो गया था...
उस से बात करता हुआ।
वो मुझ से सफर की बातें कर रही थी,
मैं सफर के बहाने बातें करता रहा उसकी...
वो तारीफ़ कर रही थी हसीन शाम की,

मैं शाम के बहाने तारीफ़ करता रहा उसकी.....

फिर बातों-बातों मे जो ज़िकर उसका बेहिसाब करा, मैंने एक ही दिन मे ना जाने कितनी मरतबा उससे प्यार करा। ये मिलना तो कुछ खास नहीं था, पर बातें काफि मिल गई थी अब करने को...

अब एक बार फिर यही मेसेजेस् का दौर शुरू हुआ, मेरे पास तो फ़िल्हाल काम ही क्या था करने को...

उस सफर के बाद फिर हमारी मेसेजेस् पर बातें चलने लगी थी। २-४ दिनों तक बातें करने के बाद फाइनली मैंने अदिति को साथ मे मूवी चलने के लिए कहा। फिर कोई शुभ सा दिन देख कर मैंने मूवी टिकट बुक करी। मैं दोपहर मे बाइक से निकला उसे हॉस्टल से पिक करने के लिए।

एक तो धूप इतनी थी और फिर ना ही मुझे उसके हॉस्टल का रास्ता याद था। गिरते-पड़ते रास्ता पूछते हुए मैं फाइनली उसके हॉस्टल के पास

पहुँचा पर एक दिक्कत ये भी थी की वो हॉस्टल कहा से शुरू हो रहा है और कहा ख़तम हो रहा है मुझे कुछ समझ नहीं आ रहा था। उसका गेट ढूंढने मे मुझे 15 मिनट लगे। काफि मुश्किलो का सामना करते हुए मैं गेट के पास पहुँचा और उसे कॉल करके बाहर बुलाया।

तकटकि लगाए मैं फोन मे देख रहा था...
और उसके आते ही मेरा फोन नाराज़ हो गया,
इस कदर् मैंने फोन को नज़र अंदाज़ करा...
और एक बार फिर मैं अपनी पहली मुलाकात मे खो गया। . . .
वो मासूम सी मुझे, एक हल्की सी मुस्कान के साथ मिली थी...
जिसे देख कर, दिल सहमा सा रह गया मेरा...
हाँ एक दफ्फा फिर अकेला ही खड़ा था मैं,
पर लगा जैसे किसी भीड़ मे खो गया था...
हाँ एक शख़्स मे कितनी मरतबा खो सकता है कोइ,
ये जान ने के लिए तुझ से मिलना ज़रूरी सा लगने लगा था मुझे...
मैं खोया सा तुझे देख रहा था... तुम धीरे-धीरे पास आ रहे थे,
मेरी धड़कने तेरे हर बड़ते कदम के साथ बड़ती ही जा रही थी...
वो पल जब भी याद करता हु, दिल कई सवालों से गुज़रता है...
सच मे जब ऐसा मंजर आता है, दिल बेबाक सा रह जाता है...
आखिर कितनी ही दफ्फा कोई एक शख़्स के प्यार मे खो जाता है।

फिर हम पहुँचे थियटर के पास। हाँ मुझे इस बार भी सिनेमा मे नेशनल एंथेम पर खड़ा नहीं होना था। मैं उसे घूमता रहा २० मिनट तक ये कह कर की टिकट कहा मिलेंगी ये मुझे पता नहीं है। ऐसे ही करते करते नेशनल एन्थेम के पुरा होने के बाद मैं टिकेट ले कर आया। वो समझ तो गई थी शायद पर अपना काम हो गया था।

जिस सिनेमा मे गए थे उसमे टॉप फ्लोर पर सिर्फ ४ सीट थी जो चारों मैंने बुक कर ली थी ताकि कोई डिस्ट्रब करने वाला पास ना हो क्युकी मुझे अब मेरे और उसके अलावा और कोई नहीं चाहिए था आस-पास। उसे किस्मत अच्छी बता कर हम बैठे सीट पर। वैसे मूवी इस बार बुरी नहीं थी, पर पूरी मूवी खत्म होने के बाद भी मुझे मूवी की स्टोरी बिल्कुल भी ध्यान नहीं थी।

एक अच्छा वक़्त गुजरा वहाँ। मूवी देखने के अलावा मैंने वहाँ लुडो का एक गेम जीता, एक गेम थुम्ब् फाइट का जीता बस बाकी रह गया था तो उसका दिल। मूवी के बाद कुछ एक बार फ़िर मैंने लिमका पी फिर उसे हॉस्टल ड्रॉप कर के आया। उसे ड्रॉप करते वक़्त कुछ तो था जो मैं कहना चाहता था, पर मैं कुछ कह नही पाया, बाय कहने के अलावा।

one of the best day फिर उसी तरह बात करते करते वो रात गुजरी।

कुछ दिन भर की बातों मे...

कुछ जो मुलाकात अधूरी रह गयी थी, उसके मुकमल् होने के इरादों मे...

कुछ दिनों के बाद ना जाने हुआ क्या था, शायद मैं अपने क्रिकेट को लेकर ज्यादा व्यस्त होने लग गया था और हमारी बातें अचानक से कम होने लग गई थी। मेरे नेशनल गेमस् पास आ रहे थे तो मैं लेट रात तक जग कर बातें नहीं कर सकता था। सुबह जल्दी उठ कर अकैडमी जाना फिर वहाँ से आकर जॉब पर जाना फिर देर रात को रूम पर पहुँच कर सो जाना, इस बीच बातें काफि कम हो गई थी और कम होते-होते ना के बराबर हो गई थी। अदिति अपने कामो मे व्यस्त रहने लगी और मैं अपने में। कुछ ही दिनों में मैं २ महीने पुराने वाली ज़िंदगी मे लौट आया था। जैसे किसी सपने की अब सुबह हो गई हो।

5
Aadat

Aksar akele baithe rahna, ab ibbadat si lagne lagi thi...

Khali baithe baithe use sochna, ab aadat si lagne lagi thi...

अब वैसे काफि समय हो गया था, मेरी उस से बातें नहीं हुआ करती थी...
 पर हाँ दिन के किसी ना किसी पहर मे उसकी याद आ जाया करती थी...
 मैं ख़ामोशी से जब भी अकेला बैठा रहता था,
 कही ना कहीं वो पुरानी बातें मेरे खयालों मे छा जाती थी...
 वो वक़्त भी मुझे काफि कुछ सिखा गया वैसे,
 आखिर महीने दो महीने की बातें कितनी मरतबा याद आती थी...
 कभी-कभी मन तो करता था बात कर लूँ उस से...
 पर बात क्या करूँगा, यही परेशानी खा जाती थी...
 इसी परेशानी मे पुरानी बातें याद करते-करते...

मेरी उसकी यादों मे खोई हसीन शाम गुज़र जाती थी...
यू कभी-कभी उसकी प्रोफाइल चेक कर लिया करता था मैं...
उसी को स्क्रॉल करते-करते मेरी रात भी कट जाती थी...
जो कभी दिन मे उठने के साथ उसके ख़याल आते...
तो सुबह की चाय के साथ अधूरे किस्सो में...
मेरी दिल की बात दिल मे ही सिमट जाती थी...

करीबन दो महिनो से ज्यादा हो गया था मेरी उससे बात हुए पर अब दिन नॉर्मल से गुजरने लगे थे। वही सुबह काम पर जाना, दोस्तो के साथ दिन निकालना और रात को थक हार कर रूम पर पहुँचना। अब तो सुमित भी वो लिमका वाला किस्सा भूल गया था। इसी बीच मेरे अंडर -19 के खेल भी आ रहे थे तो मैं थोड़ा उनकी तैयारी मे लग गया। कभी-कभी बिल्कुल भी मन नही लगता था जो की लाजमी था क्युकी शायद अदिति के साथ बातें बाँटने को मैं बहुत मिस किया करता था।

मैं थोड़ा अकेला सा फिल करने लगा था और इसकी मुझे पहले आदत भी थी तो ये वक़्त भी निकल जाता था। अकेले बैठे बैठे नॉटपड् मे कुछ लिख लेता था तो लगता था जैसे अपने दिल की बातें बॉट ली हो किसी से, अल्फाज़ों से खेलते-खेलते मैं नींद को अपने पास बुलाने की कोशिश मे लगा रहता था। कभी-कभी इसी मे रात के ३ तक बज जाते थे ना मेरा लिखना खत्म होता और ना ही नींद आती थी।

कभी-कभी बैठे हुए सोचता था शायद इन लफ़्ज़ों की नींद से कोई पुरानी दुश्मनी है, अगर आपके दिल मे कुछ बातें चल रही है तो नींद इस कदर ख़फ़ा हो जाती है जैसे अपनी गिर्लफ्रेंड के सामने किसी और की तारीफ़ करने पर वो हो जाती है। खैर उस वक़्त मेरा पसंदीदा वक़्त निकालने का तरीका ही था कुछ लिखते रहना या फिर गाने सुनना और ज्यादा बुरा तो तब होता था जब ऐसा गाना चल जाये जिसे आप उस वक़्त बहुत ज्यादा सुना करते थे जब आपका पसंदीदा व्यक्ति आपके साथ था।

पर उस वक़्त उस रिश्ते को क्या ही नाम से कहु मैं, उस वक़्त ना प्यार का इज़हार हुआ था, ना ३-४ बार से ज्यादा मिलना, सच मे कुछ था गुज़रे हुए वक़्त मे जिसे मैं अधूरा ही छोड़ आया था और जिसे मैं पुरा

करना भी चाहता पर समझ नहीं आ रहा शुरुआत कहा से करू।

एक ऐसा सफर था वो ज़िंदगी का जिसमे मैं पुरानी बातों को याद करके जीत जाया करता था और जैसे ही आज की हक़ीक़त मे पहुँचता तो अंदर ही अंदर टूट जाया करता था। हर दिन इस हार-जीत वाली लडाई मे उलझा हुआ वक़्त भी वो कमाल था।

वाकई एक फसाना ये भी था,

जिसमें हर रोज़ मैं एक खेल खेला करता था...

एक पल को मैं जीत कर खुश होता, और दूसरे ही पल खुद ही से हार जाया करता था...

6
Aaj bhi yaad hai

Vo waqt jo piche rah gya, vo aaj bhi tere pas hai...

Tera najre jhuka k muskurana, mujhe aaj bhi yaad hai...

वो तेरा करीब से गुज़रना,
   आज भी याद है...
पलकों को झुका कर, नज़रे चुरा के शर्माना,
   आज भी याद है...
पहली मरतबा मेरे पास बैठ कर,
अपनी दिन भर की बातें बताना,
   आज भी याद है...
हाँ याद है मुझे, मेरी कहानियों मे तुझे शामिल करना...
रात भर तुझे सोचना, दिन भर तेरी बात करना,
वो एक बार को तुझ से मिलना,

और पल-पल तेरे खयालों मे मरना, हाँ मुझे याद है,
तेरे साथ-साथ चलना, वो रात भर तेरी बाहों मे सिमटना,
रात के आखिरी पहर तक, सीने से लगा के तुझ से बात करना...
तुझे देखना, तेरे साथ-साथ हँसना,
यूँ ही तेरे साथ रह कर मैं तुम सा हो जाता हूँ,
ना जाने एक ही पल में कितनी दफ्फा,
मैं तेरे प्यार में खो जाता हूँ।

जब कोई लड़का एक रिलेशनशिप से बाहर निकलता है तो शुरुआत के १० दिन उसे लगता है की अपने पीछे बहोत लड़किया है, मुझे उसकी ज़रूरत नहीं है, मुझे कोई और मिल जायेगी देखना वो याद करेगी मुझे, वो ही कॉल भी करेगी। अच्छा हुआ जो निकल गया मैं इससे पर जब १०-१५ दिन निकल जाते है तो सारा काम उम्मीद के उल्टा होता है।

अब तुम्हे उसकी याद आने लगती है फिर जब तुम्हारी इतनी उम्मीद पर भी उसका कॉल नहीं आता है तब तुम उसकी प्रॉफ़िले चैक करने लगते हो, उसके हाल-चाल जानने के लिए लेकिन तुम नहीं देख पाते क्युकी तब तक तो तुम ब्लॉक हो चुके होते हो। तब जाकर तुम्हे समझ आता है की जो बातें हम अपने लिए सोच रहे थे वो उसके लिए सच हो रही है। अभी अपने दूर-दूर तक कोई भी लड़की नहीं थी और वो किसी अपने फ्रेंड के फ्रेंड को डेट भी कर चुकी होती है।

तब आता है ज़िंदगी मे ज़लजला, फिर होती है तुम्हारी भूक कम और रातें लंबी तभी अचानक से तुम्हारा सोया हुआ प्यार जाग जाता है और शायद उसी वक़्त तुम्हे फालतू-फालतू गानो के लिरिक्स अच्छे लगने लगते है। इन्ही सब मे तुम अपने दोस्तो का दिमाक खराब कर रहे होंगे उन्हे अपनी बाँतें बता-बता कर और फालतू की हजार टेंशन लेने लगते हो।

खैर ये सब तो ब्रेक-उप होए हुए ७०% लौंडो के साथ होता है पर भई मेरा केस अलग था। मैं उसके लिए लिख रहा था जो मेरे था की नहीं मुझे बिल्कुल भी आईडिया नहीं था। फिर भी ख़ुद ही ख़ुद मे उसको ढुंढते हुए मैं अपनी शाम खराब कर रहा था।

" काश के उसके शहर मे, हमारे इश्क़ की हवा इस कदर फैल जाए...

के वो पास आकर मुझे गले लगा ले, काश के उसका दिल भी बहक जाए...

मुझे भी नहीं पता मैं उस से बात क्यों नहीं कर रहा था पर चाह रहा था की उसका कॉल आ जाए।

जब भी उसकी प्रोफाइल मेरे सामने आती थी तो बात करने का मन करता था पर ना जाने क्या चीज थी जो मुझे रोक रही थी। कभी-कभी लगता था की कोई और मिल गया होगा उसे, कभी लगता था की शायद वो भी मुझे याद करती होगी। मैं उस बेबसी को सुलझाने की कोशिश मे हर रोज उलझ जाया करता था।

7
Waqt

ये मेरी ज़िंदगी का सबसे डरावना दिन था। मैं हर रोज तरह सुबह उठा के तभी भईया का कॉल आता है।

भईया - कहाँ है?

मैं - रूम पर हूँ।

भईया - जल्दी से मेरे पास आ दीदी के ससुराल चलना है अभी के अभी।

मैं - क्या हो गया!

भईया - तु जल्दी आ रस्ते मे बताता हूँ।

मैं जल्दी से बिना नहाय, भईया के पास पहुँचा। और गाड़ी मे बैठ कर निकल पड़ते है। रस्ते में उन्होंने बताया की दीदी के ससुर की मौत हो गई है। ये सुनकर मैं चुपचाप बैठ गया। जब हम पहुँचे तो वो उन्हें ले कर जा रहे थे। मैं गाड़ी से उतर कर साइड मे खड़ा हो गया। फिर मैं दीदी के पास घर जाने लगा तभी अंकल ने कहा की गाड़ी में बैठ घर चलते है। मैंने बाहर पापा को देखा वो चुपचाप एक कोने मे सुन्न हुए खड़े थे। मैं कुछ बोल पाता उससे पहले ही मुझे गाड़ी मे बैठा दिया और घर ले गए।

मुझे समझ नहीं आ रहा था की जो इंसान पूरी उम्र जी के ग़या है उसके लिए पापा इतने सुन्न कैसे हो गए। ऐसा देख कर मुझे थोड़ा अजीब सा लग रहा था पर मुझे कोई कुछ बता नहीं रहा था। घर पहुँचा और मैं अंदर आके बैठा के तभी बाहर से मम्मा के रोने की आवाज़ सुनाई दी। मैं

बाहर गया तो मम्मा बिल्कुल होंश मे नहीं थी और रोए जा रही थी। मुझे अभी कुछ समझ मे नहीं आ रहा था फ़िर मैंने पड़ोस मे खड़े एक अंकल से पूछा तो उन्होंने बताया की मेरी छोटी बहन अब नहीं रही।

एक बार को तो यकीन नहीं हुआ पर ये सुनते ही मैं उसी जगह नीचे बैठ गया। कैसे, क्या, क्यों ये सब सोचते हुए मैं अपनी आँखों पर हाथ रख कर रोने लग गया। मम्मा को सम्भलना चाहता था पर मैं खुद खड़ा नहीं हो पा रहा था। मैंने अभी थोड़े दिन पहले ही बात करी थी उनसे। वो बिल्कुल ठीक थी ये अचानक कैसे हुआ। मैं करीबन ४ घंटो तक उसी जगह बैठा रहा। फिर पापा ने आकर मुझे संभाला, मैं उस वक़्त ना किसी से कुछ कह पा रहा था ना खुद कुछ सोच पा रहा था, हा वो रात अंधेरो से कई ज्यादा काली थी जिसने अंदर तक हिला के रख दिया था मुझे।

अगले दिन आए हुए लोगो की बातें सुनी कोई क्या कह रहा था कोई क्या कह रहा था। हज़ार लोग हजार बातें थी वहाँ, सच क्या है कुछ समझ नही आ रहा था। बड़ी बहन भी उसी घर मे थे उन्हें लेकर घर आये तो जिस तरह से वो बता रहे थे वो खुदकुशी तो बिल्कुल नहीं थी और ये मैं बिल्कुल भी नहीं मान सकता था। वो इतने भी कमज़ोर नही थे जो ऐसा काम करेंगे। आज तक पापा इंसाफ के लिए उस केस मे उलझे हुए है।

आज भी मुझे लगता है जैसे मेरी बहन कहीं नही गई, मैं आज भी घर जाऊ तो वो मुझसे झगडा करने के लिए बैठी होंगी। मै ज़िंदगी भर उस दिन को नहीं भूल सकता हूँ। उसके ३-४ दिन तक मेरे कई दोस्तो का कॉल आया पर मुझे उस वक़्त किसी से भी बात नहीं करनी थी, करीबन एक महीने तक मैं अकेले रहा। किसी का कॉल नही पिक करा, किसी से मिला नहीं।

फिर ३ महीने बाद मेरे एक्सजामस् आ गए और मैं उनमे लग गया और उन्हीं दिनों भईया के लड़की हुई। इस ख़ुशी ने बीते हुए वक़्त के गम को काफी कम कर दिया। एक लंबे अरसे के बाद घर में माँ के चेहरे पर मुस्कान आई थी, एक लंबे वक़्त के बाद मैंने पापा को हँसते हुए बात करते देखा था। इन सब को देख कर मैं उस रात से तो बाहर नही निकल पाया पर उन अंधेरो को थोड़ा कम होते हुए ज़रूर महसूस किया।

३ महीने बाद मैं फिर अपने दोस्तों से मिला। बुआजी के यहाँ शादी थी, एक लंबे वक़्त के बाद मैं किसी की ख़ुशियों मे शरिख हुआ। शादी के माहौल के बीच बहका सा मैं एक बाद फिर अदिति को याद करने लगा और काफि वक़्त बाद मैंने उसे मेसेज करा। फिर १-२ दिन हमारी बातें हुई और फिर वही लंबी ख़ामोशी छा गयी। उन ३ महिनो मे मुझे सिम्पथी देने वाले लोग तो हज़ार थे पर साथ बैठ कर दुख बाटने वाला कोई नहीं मिला। इन सब को महसूस करते-करते एक १८ साल का लड़का अचानक ही बड़ा हो गया था।

8
Haqiqat

वो वक़्त जो बहुत बुरा था,
हा बीत गया ठहरते-ठहरते...
वो सुकून जो कहीं खो गया था,
फिर मिला ठहरते-ठहरते...
हा ठहर गया वक़्त तो,
पर मैं बहोत सी जगह उलझ गया था,
खुद ही मे खुद को देखते-देखते...
लगता था बहोत कुछ खो दिया मैंने,
पर नये रास्ते मिल ही गए,
बिना रुके चलते-चलते ...
एक मरतबा फिर मैं लौट आया,
पुरानी अपनी ज़िंदगी मे,
नई कहानियों को खोजते-खोजते...

    अपनी एक्जाम्स् फिनिश करते ही मैं फिर से जयपुर आ गया। पता नहीं क्यों पर मुझे घर पर ज्यादा रुकना पसंद नहीं है पिछले कुछ सालों से। लिहाज़ा मैं फिर जयपुर आ गया और अपनी जॉब फिर से शुरू कर दी। वही सुबह उठ कर जॉब पर जाना, सुमित की बकवास सुनना और रात को आकर सो जाना। इसके बीच बहुत बार पुरानी बातें भी याद आती जिनके चलते काफि बार मूड खराब हो जाता पर ये सब अब मेरे रोज़ के

कामो मे शामिल से हो गए थे।

एक बात ये थी जब मैं घर पर था उस वक़्त मेरी एक लड़की रीया से बात हुआ करती थी जो काफि पहले मेरे साथ थी। हा एक्स थी वो मेरी। मुझे नहीं पता मैंने उससे बातें क्यु शुरू की पर उस वक़्त मुझे भी समझ नही आ रहा था मैं क्या कर रहा हूँ क्या नहीं। आई तो वो भी शायद सम्भलने के लिए ही मुझे और तुम्हे तो पता ही है की लड़कियो से मिली सिंपैथी का लेवल कुछ और ही होता है और वैसे भी जब बात भावनाओ की आती है तो उन्हें लड़कियो से अच्छा और कोई नहीं समझ सकता। और ये बात भी सच थी की उसके लिए मेरे दिल मे पहले जैसा कुछ नहीं था।

मैं उस वक़्त उसमे एक अच्छा दोस्त देख रहा था। और शायद बात ये भी सच थी की मुझ से बात करते-करते वो एक बार फिर पुरानी बातों को सच मानने लगी थी। जयपुर आने के बाद भी उसके कॉल लगातार आते रहते थे। मैंने उस से एक दो बार कहा भी की जो बीत गया वो वक़्त तो गया, ना मैं पहले जैसा बन सकता हूँ ना तुम मेरे लिए पहले की तरह हो सकती हो पर शायद उसे अपने आप पर ज्यादा भरोसा था।

वो एक बार फिर मुझ मे अपने पुराने प्यार को ढुंढने लगी पर मैं उन सब से काफि आगे निकल आया था। दिन काफि सीधे से निकालने लगे और रातें काफि उलझी हुई क्युकी रात भर मेरी लिखने की आदत ने मेरी नींद को मेरी आँखों से दूर कर रखा था। अगर लिखना है तो लिखने को शौक नहीं आदत बनाओ ये उसी वक़्त समझ आया जब मैंने अपनी ही लिखी कुछ बातों को पढ़ा जो किस बारे मे थी ये मुझे भी नहीं पता था।

जब तक मैं जयपुर आया तब तक मेरे नेशनल गमेस् पूरे हो चुके थे और अब शायद मेरा रुख क्रिकेट से थोड़ा दूर हो गया था। हा प्यार आज भी है क्रिकेट से पर अब वो प्लेयर कही खो गया था और फिर ना मैंने उसे ढुंढने की कोशिश की। सब कुछ अच्छा चल रहा था की तभी राहुल ने कहा की अपन अलग फ्लैट ले कर रहते है। मेरा कुछ ख़ास मन नहीं था शिफ्ट होने का क्युकी मैं भईया के साथ था। फिर थोड़े दिनों बाद उसने बताया की अदिति के भी हॉस्टल बन्द होने वाले है और उसे कोचिंग करनी है जिसके लिए वो भी रूम ढुंढ रही है। मैंने उससे बात कर ली है उसे तो कोई

दिक्कत नही साथ रहने मे अब तु बता ले ले क्या फ्लैट? वोह! इत्फ़ाक़ सच मे, मैंने सोच कर बताता हूँ का नाम लेकर बात कल पर डाल दी। रात भर सुमित इश्क़-मोहबत् के गाने चला कर मुझे पुरानी यादें याद दिलाने की कोशिश कर रहा था तभी राहुल बोलता है की वो रिलेशन मे है किसी और के साथ। ये सुन कर मुझ से ज्यादा सुमित उदास हो गया।

मैंने ना रात को कुछ सोचा था शिफ्ट होने के बारे मे ना दिन मे और फिर अगले दिन राहुल के पूछने पर मैंने हाँ कर दी। क्यों करी ये तो पता नहीं था। आकाश और राहुल ने मिल कर अगले दिन की शाम को पुरा समान शिफ्ट कर दिया था। मैं अपने काम से फ्री होकर रात को अपने बैग उठा कर उनकी दी हुई लोकेशन पर पहुँच गया। फ्लैट के बाहर वाली रोड़ पर पहुँच और अदिति, आकाश और राहुल वही मिल गया। एक लंबे वक़्त के बाद मैंने देखा उसे। एक दफ़ा फिर नज़रे मिले और पहली बार की तरह ही मेरे पास कुछ भी नहीं था कहने को।

राहुल और सुमित मुझे घूर-घूर कर देख रहे थे शायद वो मेरे कुछ बोलने का इंतज़ार कर रहे थे और मैंने कहा चलो खाना खाते है। सुमित काफि अफसोस जताते मेरे साथ चलता रहा। तभी वो मुझे बोलता है की क्या बात अब पसंद नहीं है वो मैंने कहा बात पसंद की नहीं है पसंद तो वो आज भी है पर प्यार कही ना कही खो गया है। सुमित ने फिर कुछ नही कहा।

मैं आकाश से बातें करने लगा, आकाश मेरे साथ ही काम किया करता था और थोड़ा मजाकिया भी था वो ही शायद वहाँ चुप्पी होने नहीं दे रहा था। तभी वो अचानक से कहता है आदि कल तो तेरा बर्थडे है। अभी १२ बजने मे १ घंटा बाकी था। तभी सुमित और आकाश जाकर केक लेकर आते है और रोड के बीच मे केक कटवाते है। ये वही लौंडों वाली बदफैली। काफि लंबे वक़्त के बाद अदिति के मुह से निकला 'happy birthday'। खैर खाना-वाना खा कर हम फ्लैट पहुँचे।

मेरे पहुँचने से पहले ही सब अपने-अपने रूम चुन चुके थे जो बचा था वो मेरा। सब अपने-अपने रूम मे हो लिए मुझे कल अपनी कॉलेज जाना था अपनी प्रटिकल् के चलते और मुझे बिल्कुल भी नींद नहीं आ रही थी। थकान की वजह से राहुल सो चुका था। अब बहाना ही सही पर

मैंने अदिति को कॉल कर के पूछा की की मूवी है तुम्हारे पास? उसने हा कहा और मैं उसके रूम मे मूवी के लिए गया। मूवी ली और बातें करते-करते वही बैठ गया।

अब मूवी तो उस वक़्त देखने का मन था नहीं और बातें करने के अलावा रात निकलती भी नहीं। कुछ नई पुरानी सी बातें करते हुए थोड़ा वक़्त निकला और मैं शायद फिर कही न कही पुराने वक़्त मे खोने लगा था। थोड़ी देर बातें करने के बाद थोड़ी रात को ३ बजे मैं अपनी कॉलेज के लिए निकल गया जो की जयपुर से काफी दूर थी।

सुबह 6 बजे कॉलेज पहुँच कर अपनी एक्जाम् दी। आता तो कुछ नहीं था पर वो देना भी ज़रूरी थी। मैं रात भर सोया नहीं था तो मेरी आँखें नशे मे हो रखी थी। कैसे-जैसे इन सब से फ्री होकर मैं जयपुर के लिए निकल गया। तभी रीया का कॉल आता है, जन्म दिन की बधाई देते हुए कहती हैमुझे साथ चलना है वही तुम्हारा बिर्थडे मनायेंगे।

हा-ना करते हुए आखिरकार मैं उसे अपने साथ ले गया। क्या ग़जब का दिन था जो मुझे चाहती थी वो मेरे साथ एक ही रूम मे थी और जिसे मैं चाहता हूँ वो अलग रूम मे। खैर दो दिन बाद रीया चली गई और उसके ही ३-४ दिन बाद अदिति का ब्रेक अप हो गया। कैसे और क्यों ये तो मुझे पता नहीं था पर सच कहूँ तो सुनके अच्छा लगा। इत्तफाक तो काफि हो चुके थे अब वक़्त था की मैं रीया को बता दूँ की मैं उसके लिए वो सब महसूस नहीं करता अब जैसा पहले करता था ये थोड़ा मुश्किल था पर कैसे जैसे कर के मैंने उसे बता दिया।

नारित्व क्या होता है ये मैंने उस दिन देखा। जब मैंने रीया को साफ-साफ कह दिया की मैं उसके लिए कुछ फील् नही करता भई सब आगे पीछे का गिना दिया उसने। उस रात वो फ्लैट पर आई और काफि अच्छा हंगामा करा। मैं उसकी बातें चुपचाप सुन रहा था। सोच रहा था कोई तो मेरे साइड भी बोले कुछ पर सुमित की ख़ामोशी देख कर एक ही चीज दीमक मे आई ‘ साँप पाल रखा है मैंने ’ रीया बोले जा रही थी और सब बिल्कुल चुप।

काफि बोलने के बाद भी मैं उसे मना ही करता रहा तो थक हार कर सो गई वो भी। ये बात उसे थोड़ी देरी से समझ आई पर आ गयी ये बड़ी बात

थी। इन सब के बाद फ्लैट पर थोड़े दिन काफि शांति का माहौल रहा। खैर कहानी अब वही से शुरू होने वाली थी जहाँ १० महीने पहले अधूरी छुट गई थी।

अब इशारे इब्बादत् में बदलने लगे थे,

हा वो अधूरे किस्से अब कहानी मे बदलने लगे थे।

ये था सफर, मेरी और अदिति की कहानी आगे से शुरू होती है। हाँ अब दो दिल मिल रहे थे पर वो दूसरी लाइन " मगर चुपके-चुपके " कहीं सेट नहीं हो रही थी, क्युकी शर्म भी शायद १० महीने पहले ही कहीं छूट गई थी।

9

Ittfaq

Mera jab bhi muskurana or teri tasveer ka meri aankhon ke samne chale aana....

Koi ittfaq to naii !

हा काफी इत्तफाकों से होकर गुजरी है ये कहानी,
उसकी यादों का कई मर्तबा मुझे सताना,
और मेरी कहानी का किस्सो मे बिखर जाना...
जिन्हें समेट कर मैं अपनी शाम निकलता हूँ,
एक तेरे ख़याल से मैं अपनी रात गुज़रता हूँ...
अब खैर जो तुम साथ थे मेरे,
हा तेरी ही आग़ोश मे अब अपने सवाल वरता हूँ...
एक तेरे ख़याल से मैं अपनी रात गुज़रता हूँ...
अधूरी कहानी के साथ कई अंधेरों से गुज़रना,
तुझे सोचते-सोचते दिन रात तेरे बारे मे लिखना,

कई दफ्फा मद्होशि से गुज़र कर,
तुझ पर लिखे शेर् भरी महफ़िल मे सुनता हूँ,
एक तेरे ख़याल से मैं अपनी रात गुज़रता हूँ...

‘ हम साथ है ’ सुनने मे अच्छा लगता है इस ‘ है ’ वाले शब्द मे बात ही कुछ और होती है। अक्सर जो फैसले हम आज लेते है उनका असल ज़िंदगी मे असर बाद मे पड़ता है। अगर किसी के साथ उमर निकलनी है तो हम उम्र बनना पड़ेगा, सच बोलना पड़ेगा, तुम्हारे आज का बोला हुआ झुठ उस वक़्त तुम्हे परेशानी मे डालेगा जब सब कुछ काफी अच्छा चल रहा होगा और पलक झपकते ही सब बदल जायेगा। उसी पल तुम्हे सही और गलत का अंदेशा होगा पर क्या पता तब तक बहुत देर हो चुकी हो। अगर किसी से प्यार कर ही रहे हो तो बीच बीच मे लोग भटक क्यों जाते है? या तो वो प्यार होता ही नही या उनकी नियत ही ऐसी ह की वो प्यार कर ही नहीं सकते है।

तुम्हें उसके अलावा भी लाख लड़किया सुंदर दिखेंगी पर वो बात तो सुनी होंगी " बंदे पर्फेक्ट् नही होते, रिश्तें पर्फेक्ट् होते है " खैर हम साथ थे, काफि अच्छा वक़्त बीतने लगा। रात भी बातें करना, एक दूसरे को परेशान करना, साथ साथ हँसना, क्या पता ये वक़्त वही था जिसके बारे मे कभी सोचा करता था। वो कहानी अब हक़ीक़त बन गई थी; जैसे सादगी मे किसी इंसान को जन्नत मिल गई थी। ये वक़्त वही था जब मुझे अपनी बार लिखी कविता याद आती थी। जिसे ३ साल पहले लिखा था मैंने, पर किसके लिए ये शायद आज पता चला। कहानियों मे अक्सर इत्तफाक मिलेंगे, आपकी कहानी मे भी होंगे इसमे भी थे। सुमित काफि बार फ्लैट पर आता था हाथ मे कोल्ड ड्रिंक ले कर पर वो लिमका नहीं होती थी।

इस कहानी मे अगर सबसे ज्यादा एक्ट करा था तो वो था सुमित। राहुल और सुमित शुरुआत से ही मेरे साथ रहते थे। राहुल अपने कामो मे लगा रहता था और सुमित के पास बेवजह बकवास करने के अलावा और कोई काम नहीं था। एक दिन सुमित से पूछा मैंने तूने कभी किसी रिलेशन को दिल से निभाने की कोशिश करी है! और वो सवाल शायद गलत वक्त, गलत इंसान से कर गया मैं सुमित नशे मे पूरी रात अपनी

कहानी सुनाता रहा ये कह कर की "तु की जाने प्यार मेरा"

ये वही कविता है जिसे काफि वक़्त पहले लिखा था और शायद इसी लिए ये मेरी सबसे पसंदीदा भी है।

हर सुबह के बाद मैं शाम का इंतज़ार करता हूँ...
तेरी ख़ामोशी के बाद तेरी बात का इंतज़ार करता हूँ...
तु बाहों मे हो और मैं खो जाऊ,
उस हंसीं रात का इंतज़ार करता हूँ,
हर सुबह के बाद मैं शाम का इंतज़ार करता हूँ...
तेरा नज़रे चुराने के बाद ख़ामोशी से मुस्कुराना,
फिर पलकों को उठाना और ज़ुल्फ़ों को हल्के से उपर ले जाना,
मेरे उस अहसास को लफ़्ज़ों मे कह पाऊ,
मैं उन लफ़्ज़ों को खोजने मे आधी शाम खराब करता हूँ,
हर सुबह के बाद मैं शाम का इंतज़ार करता हूँ...
मेरा मुझ मे खो कर तुम हो जाना,
मेरे खयालों मे तेरी यादों का चले आना,
तेरे सामने आने पर मेरा कुछ नही कह पाना,
तेरे चले जाने पर मेरा पागल हो जाना,
इन बेबसी मे मैं ये अल्फाज़ लिखा करता हूँ,
हर सुबह के बाद मैं शाम का इंतज़ार करता हूँ...

10
Adhoore Kisse

Har kahani se pare, Meri kitab ka saar ho tum...

Jiska jawab m sauu daffa likh du,

Meri adhoore kisso ka vhi jawab ho tum...

किसी कलम से लिखी आस थी वो,
जिसे मैं शब्दों मे बयां ना कर पाऊ,
मुझे बैचन करने वाला ख़्वाब थी वो...
जिसे मैं एक मरतबा देख कर,
श्याही मे उतार दूँ,
मेरे अधूरे लफ़्ज़ों की तलाश थी वो...
हाँ ख़ास थी वो मेरी कहानी के लिए,
मेरे लिए तो रेगिस्तान मे मिलने वाले,

पानी की प्यास थी वो...
बचपन में पढ़ी कविताओं की,
गूंजती हुई गाज़ थी वो...
कहानी ये जो अभी तक चल रही है,
इसे ' to be continue' मे रखने वाला फरमान थी वो...

ज़िंदगी मे काफि कहानिया अधूरी ही रह जाती है, कुछ कहानियाँ पूरी हो जाती है और इन दोनो से अलग एक कहानी ऐसी होगी जो तुम्हारे साथ-साथ चल रही है। ये मेरी वही कहानी है जिसे हर रोज पढ़ रहा हूँ मैं,

जिसे हर रोज लिख रहा हूँ मैं। कुछ अधूरी चीजे अक्सर खराब लगती है हमे पर कुछ कहानियों का अधूरा रह जाना ही अच्छा होता है।

किसने कहा था की किस्मत के भरोसे मत बैठो काम करते रहो, अगर मैं काम करता रहता तो वो आज मेरे साथ ना होती किसी और को ढुंढ चुका होता मैं। कभी-कभी कुछ कामो को किस्मत पर छोड़ देना ही अच्छा होता है, क्या पता वो कहानी कभी फिर किसी मोड़ पर शुरू हो क्या पता १० महीने बाद।

भले ही सफर थोड़ा लंबा था ये पर कमाल का था, आखिर इधर भी एक कहानी थी जो साथ-साथ चल रही थी, जिसको लिखना अब आदत सी लगने लगी थी। मुझे नहीं पता ये सफर कहाँ तक चलेगा, पर चलना अच्छा लग रहा था। कहानियाँ बहोत सी लिखी है लोगों ने पर जिसने भी लव स्टोरीज़ लिखी है उन्हें बखूबी पता है की पहली मुलाकात से अच्छी इसकी कोई शुरुआत नहीं हो सकती और ‘ to be continue’ के बिना ये ख़तम नहीं हो सकती।

11

Alfaz

1. Adhoori kwaisho ke sahare ek sham jiyunga...
   Tum bas ek cup chai banana,
   Tumhare khyal aane par, m uski mithas ko yaad karunga..
   .
   .

2. Behti hawa si tum...
   Mausam si badlti teri baatein...
   .
   .

3. Mahoobat ki daasta rahh gy adhoori,
   Jaise pen m shyahi khtm ho gy exam k aakhiri lamho m...
   Ishq shayad simat kar rahh gya,
   Notebook ke unn aakhiri panno me...
   .
   .

3. M tanhai se pyar krne wala ladka...
   Vo bhid-bhaad se bhara uska dil...
   .
   .

4. Tumhe kai martba likha hai maine,
Or har daffa m khud ka likha hi smjh nhi pata...
.
.

5. Vo pahli mulakaat ke baad,
Tujh me kuch is kdarr m kho gya...
Mukamal usi waqt se,
Tumhare itrr ki khusbu ka m aadi sa ho gya...
.
.

6. Baat berukhi !
Chalo aaj aazmate h...
Tum apni nafrat dikhana,
Ham tumhe seene se lagate h...
.
.

7. Aankhe bhi milana chahti h,
Par pas aati naii...
Pyar to vo bhot krti h,
Bas jatati naii...
.
.

8. Ek jaam nashein ka,
Kabhi tumhari aankhon se peena h...
Marte toh bahot honge tum par,
Mujhe bs tumhare sath jeena h...
.
.

9. Khtt ki khusboo bata rhi thi...
Khuli thi unki julfein,
Jab vo shyahi bhiga rhi thi...
.
.

10. Baat lazmi hai,
Is kadar tum jo dil m thare ho...
Ab parwah kya zamane ki,
Bs tum jaise bhi ho mere ho...
.
.

11. Esi pyar bhari nigaho se dekha usne,
Ke unki nigaho ke ham karz-daar ho gy...
Phir kuch yu mili najre unse,
Ki baaki sab najar-andaz ho gy...
.
.

12. Is hassin sham ko,
Kabhi dil m utar jaane do...
Tum zara thahro,
Aaj waqt ko jane do...
.
.

13. Vo katil uski nigahein,
Dekhte dekhte kya zahar dhaa gy...
Meri najre naa hati us se,
Is kadar vo meri nigahon me chaa gy...
.
.

14. Ikraar, izhaar, ibbadat,
Kuch lena to h tere mujhe...
Lafzon se jo bayaan na ho paay,
Kuch esi mohbaat h tumse...
.
.

15. Tum ishq farmane ki baat kar rhe ho,
M tmhare khhyaal se hi aagosh me aa jata hu...
Yu to accha bhala hota hu,

Pr tumhe dekhte hi khi kho jata hu...

16. Ab baat saaf kahu to,
Ibbadat bna liya h tujhe...
Sochta rhu jise sham or subh,
Esi aadat bna liya hai tujhe...

17. Kya ajeeb fasane se,
Vo mere dil ko jalati hai...
Kabhi aati hai rubru mere pas,
Kabhi najar-andaz karke samne se nikal jati hai...

www.ingramcontent.com/pod-product-compliance
Lightning Source LLC
LaVergne TN
LVHW041715060526
838201LV00043B/755